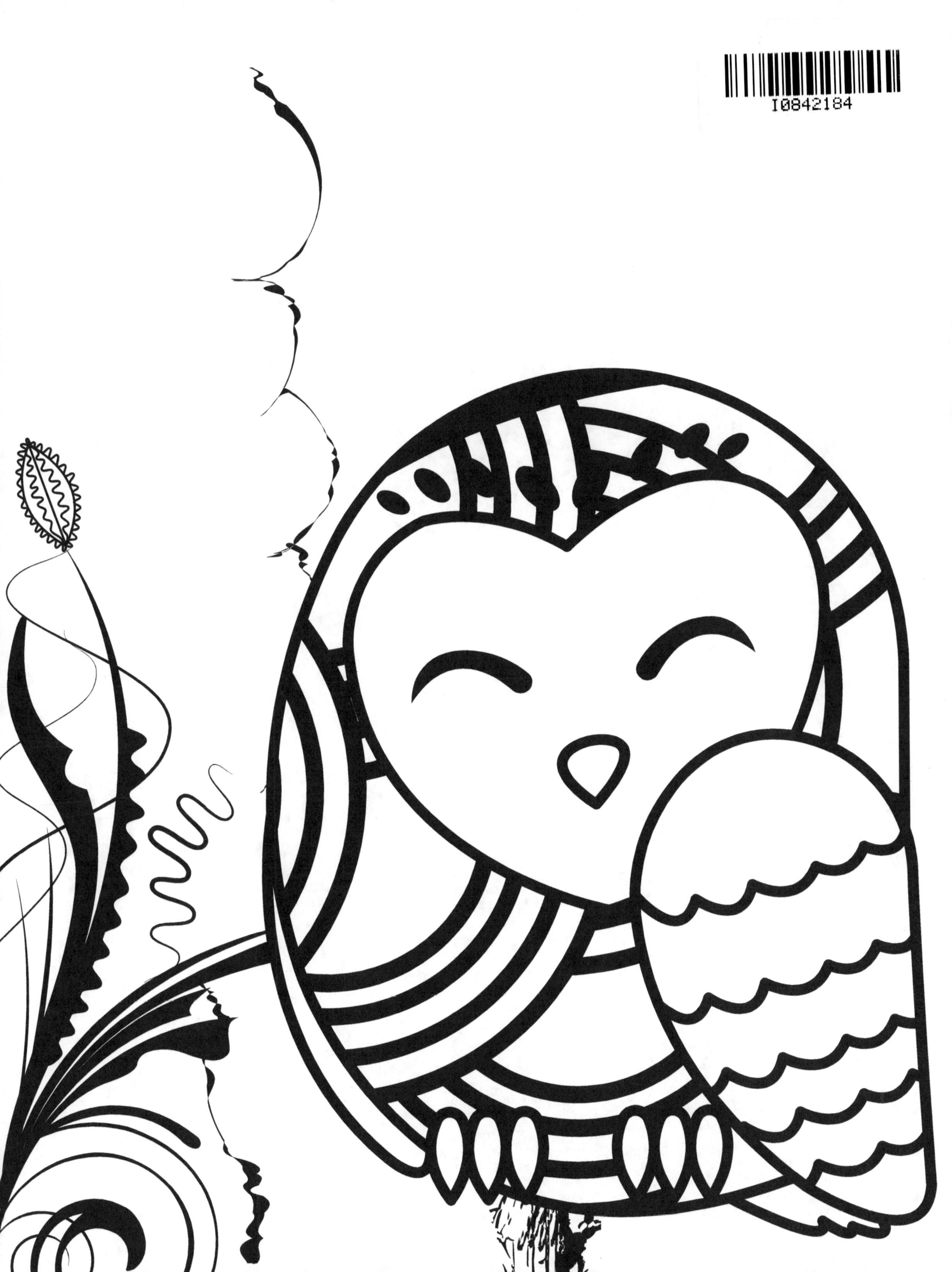

I0842184

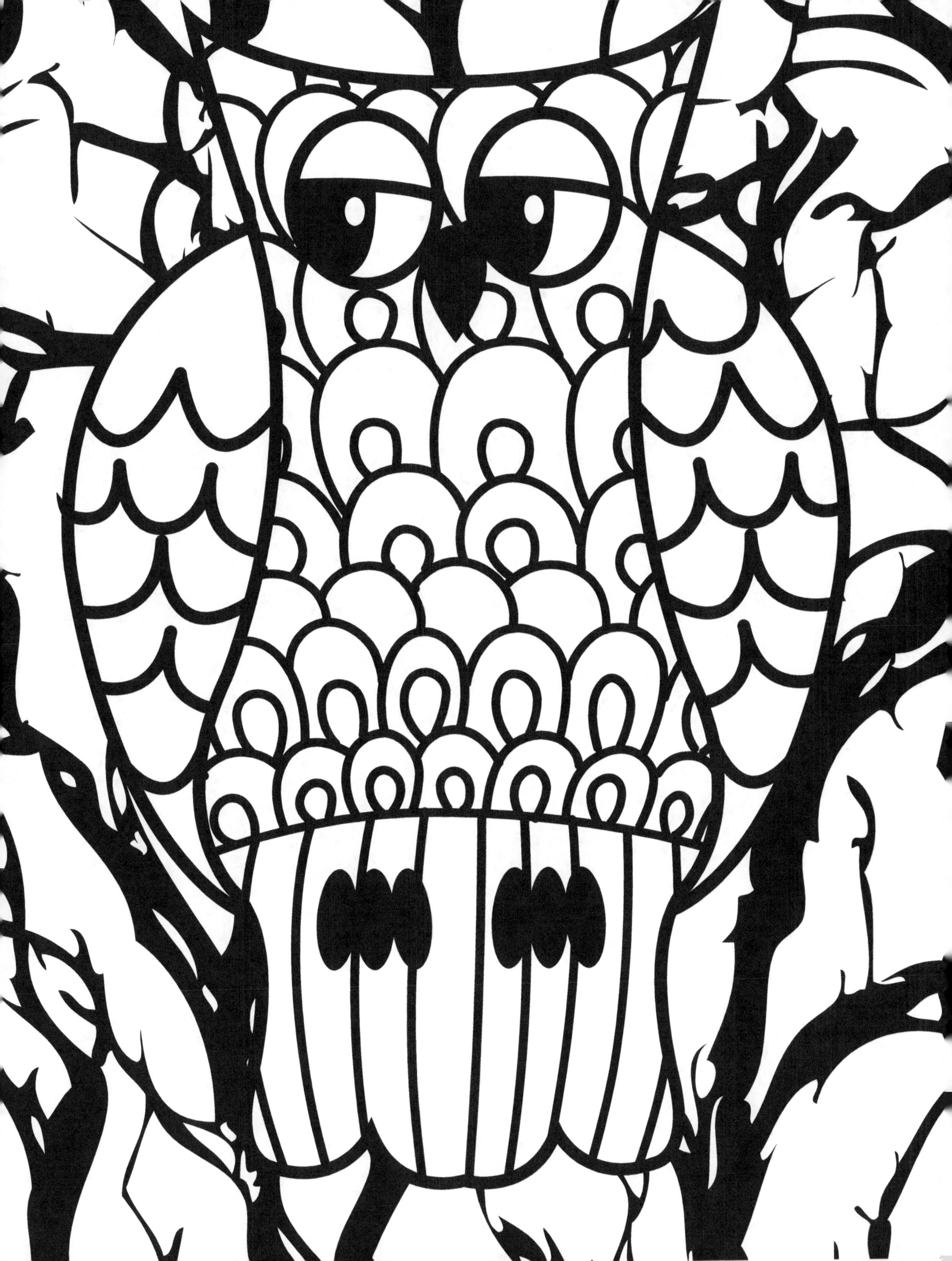

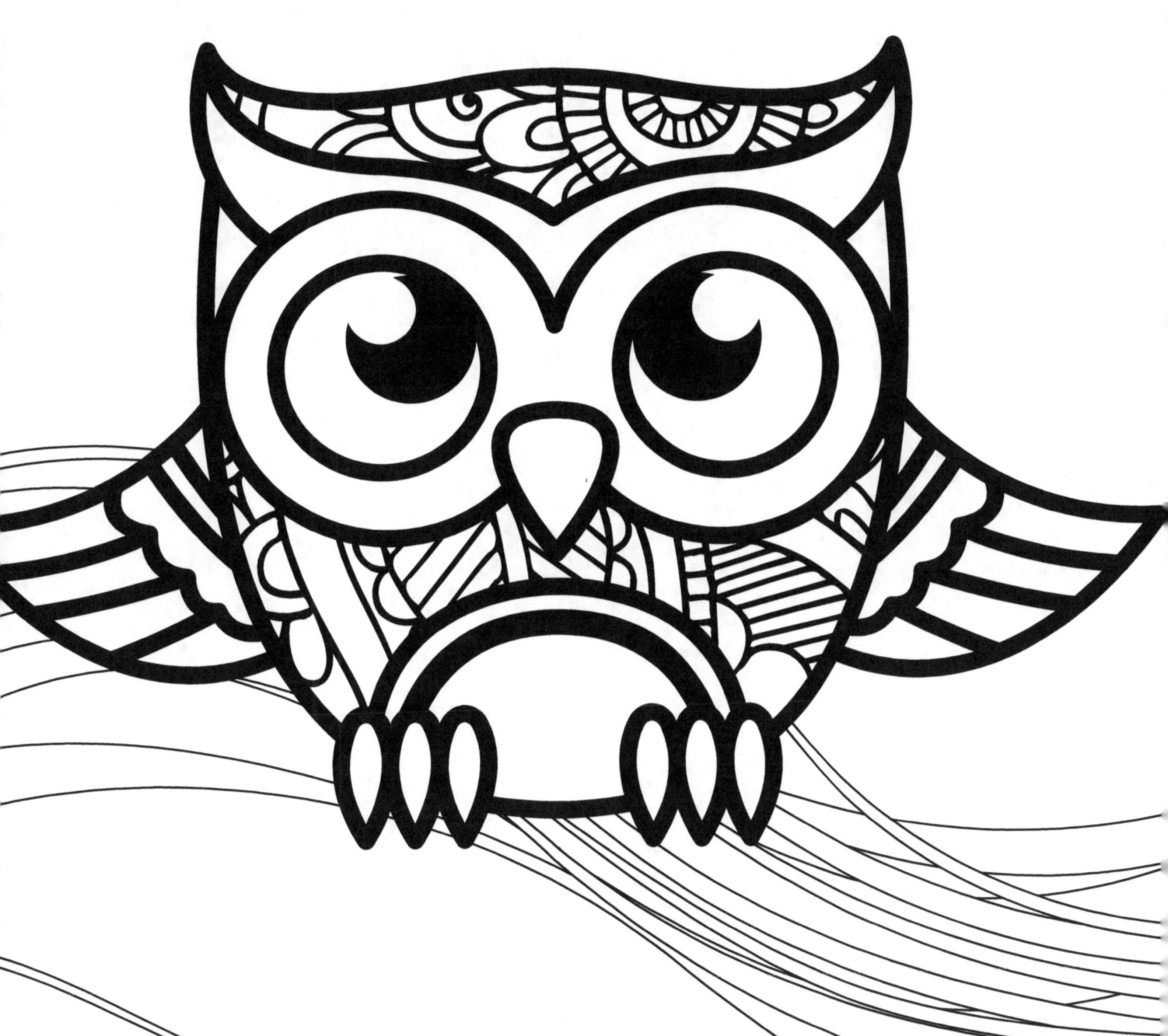

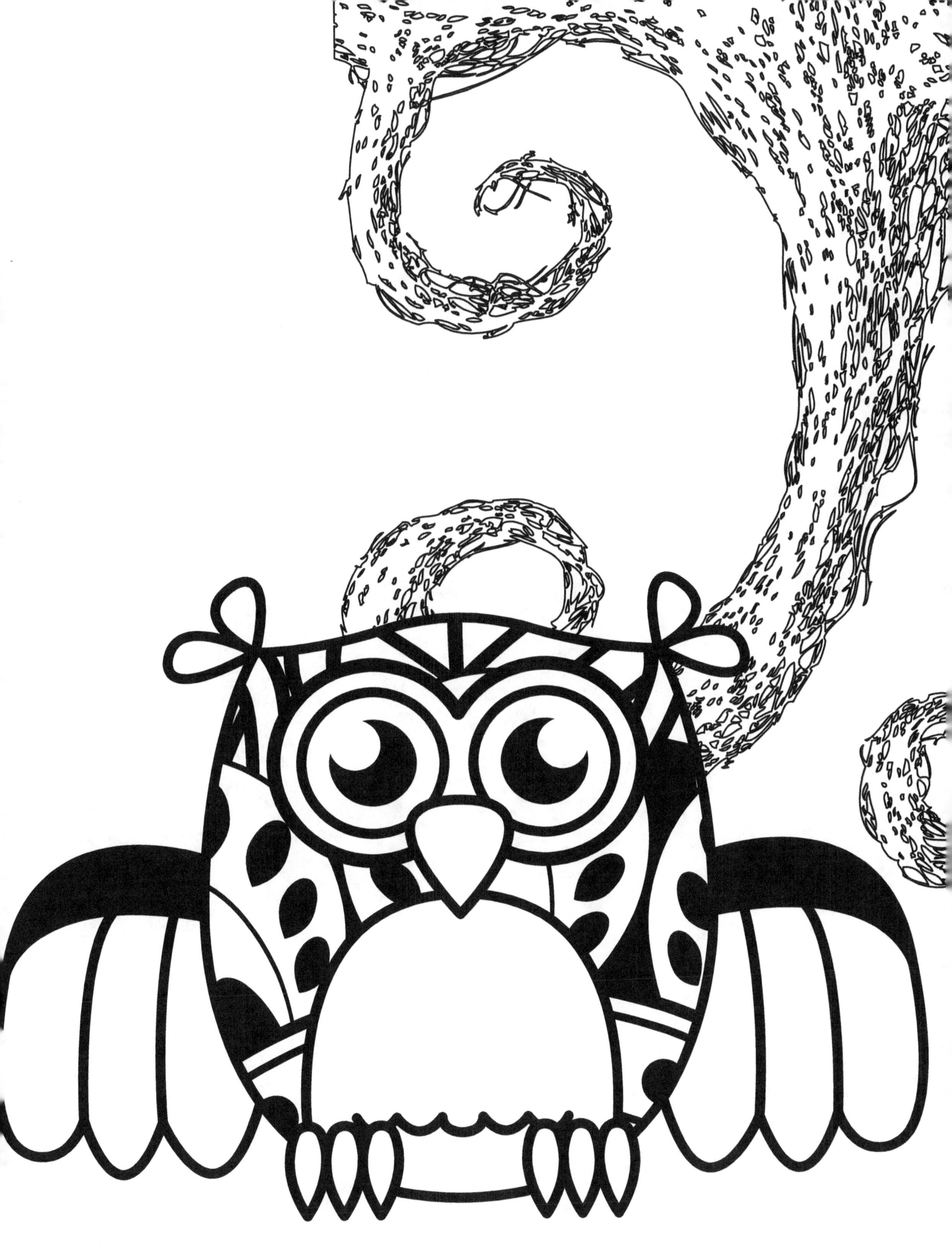

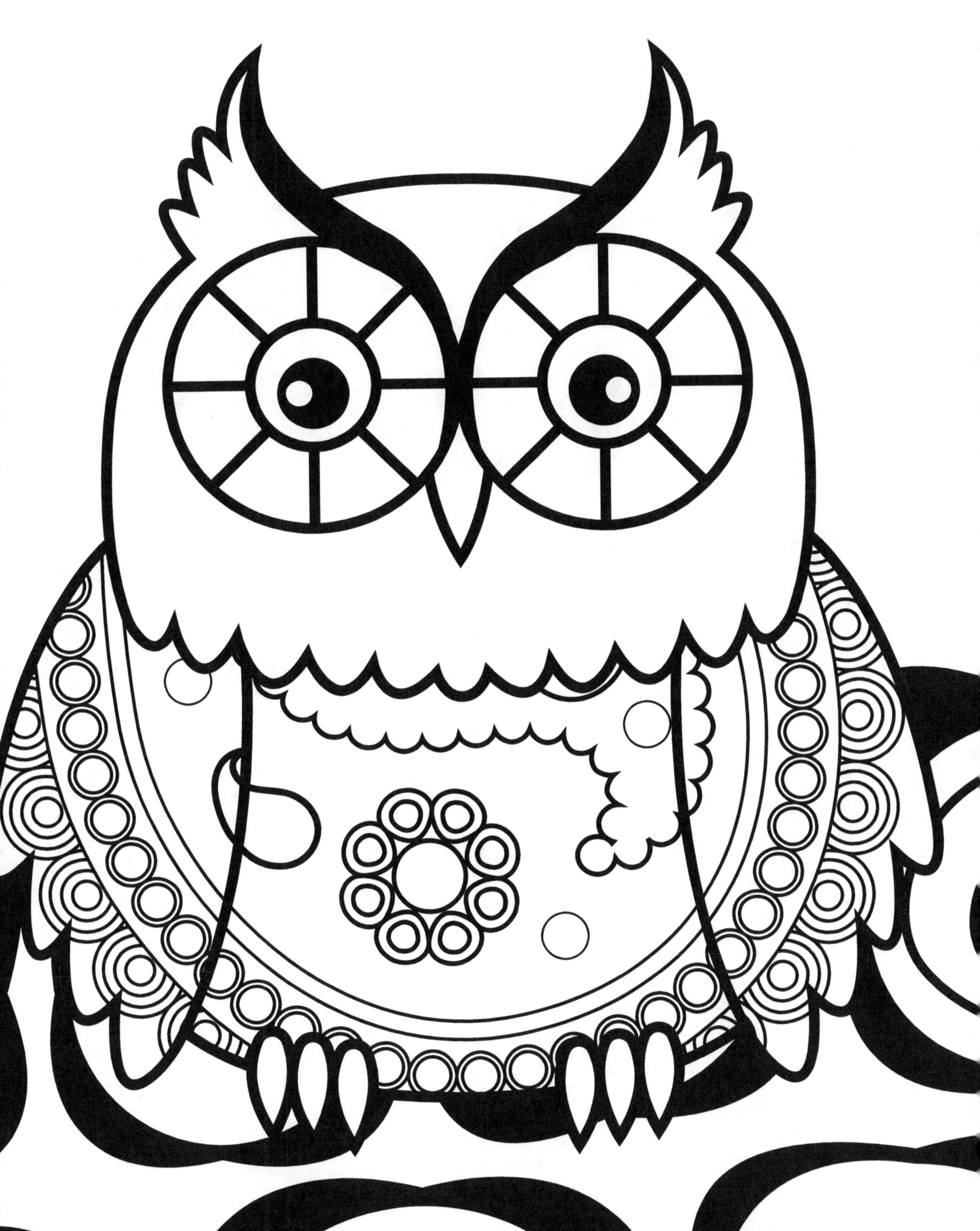

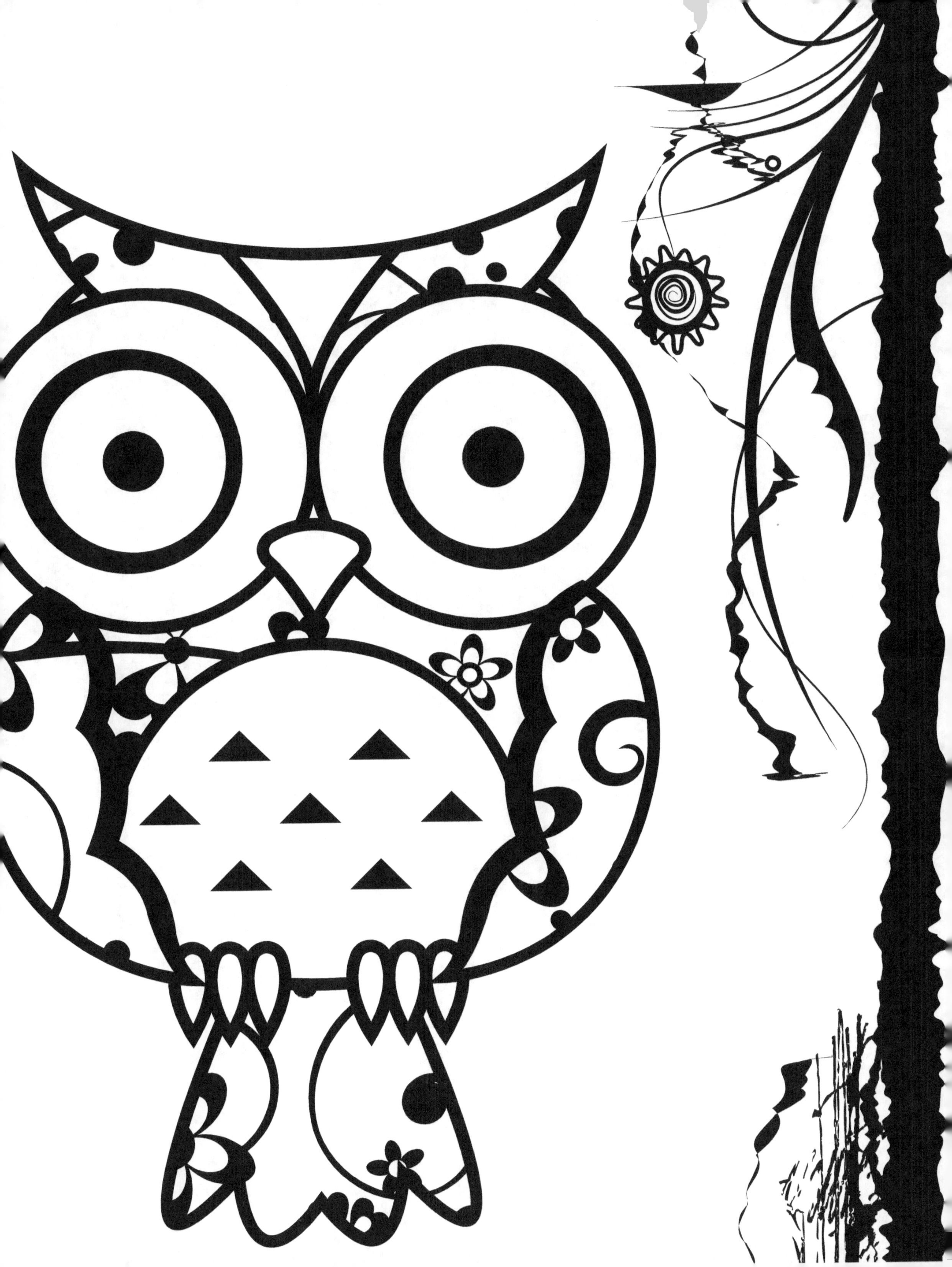

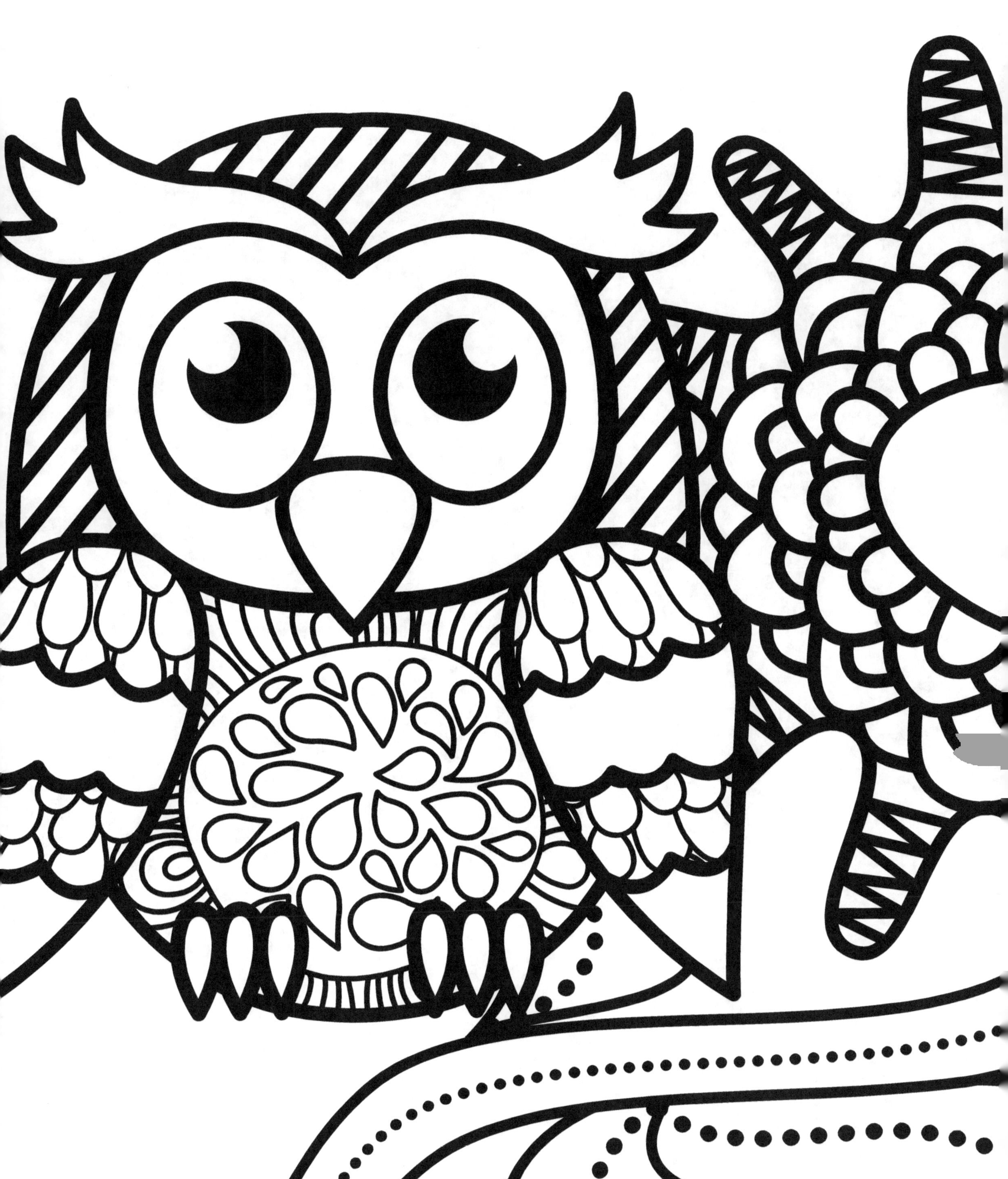

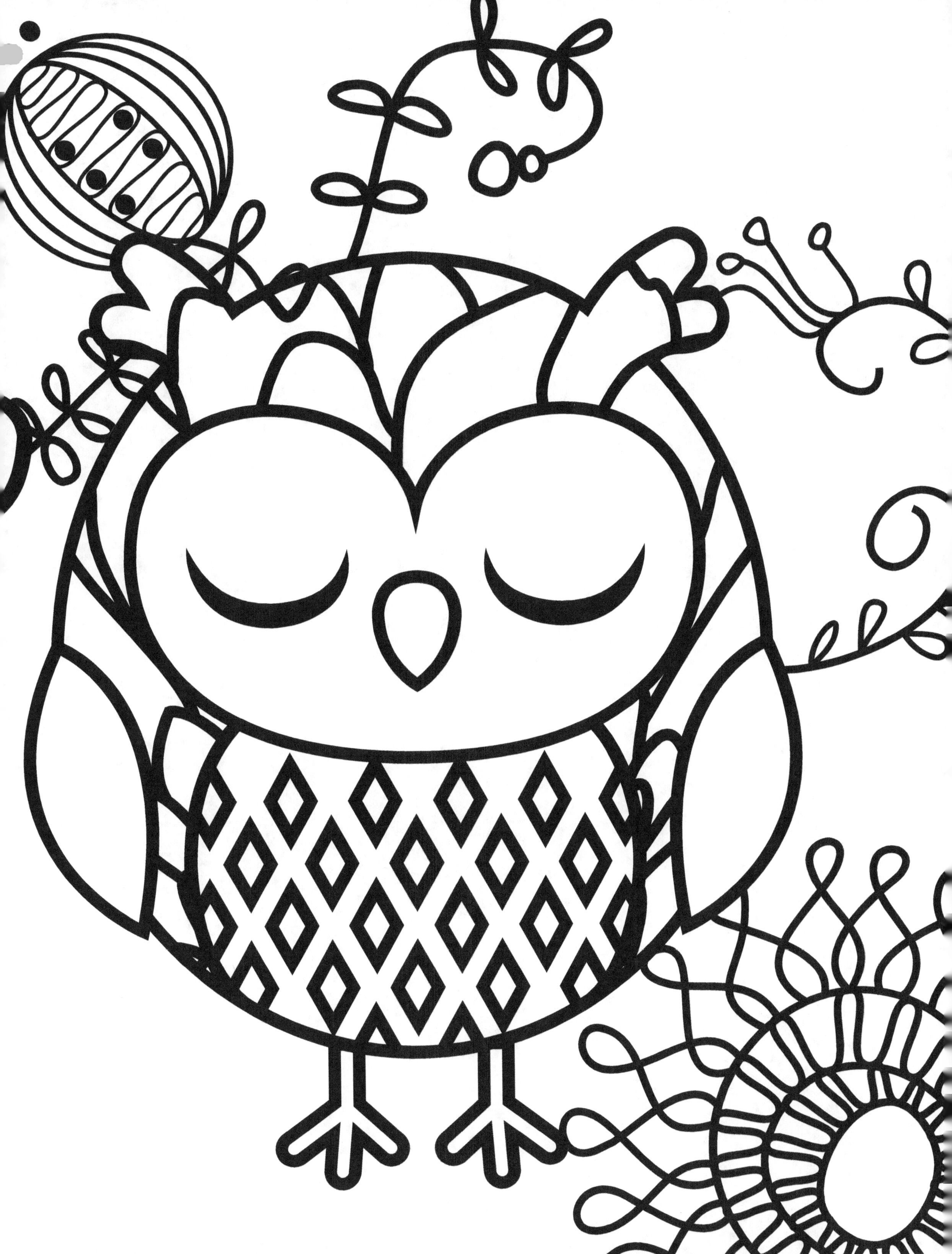

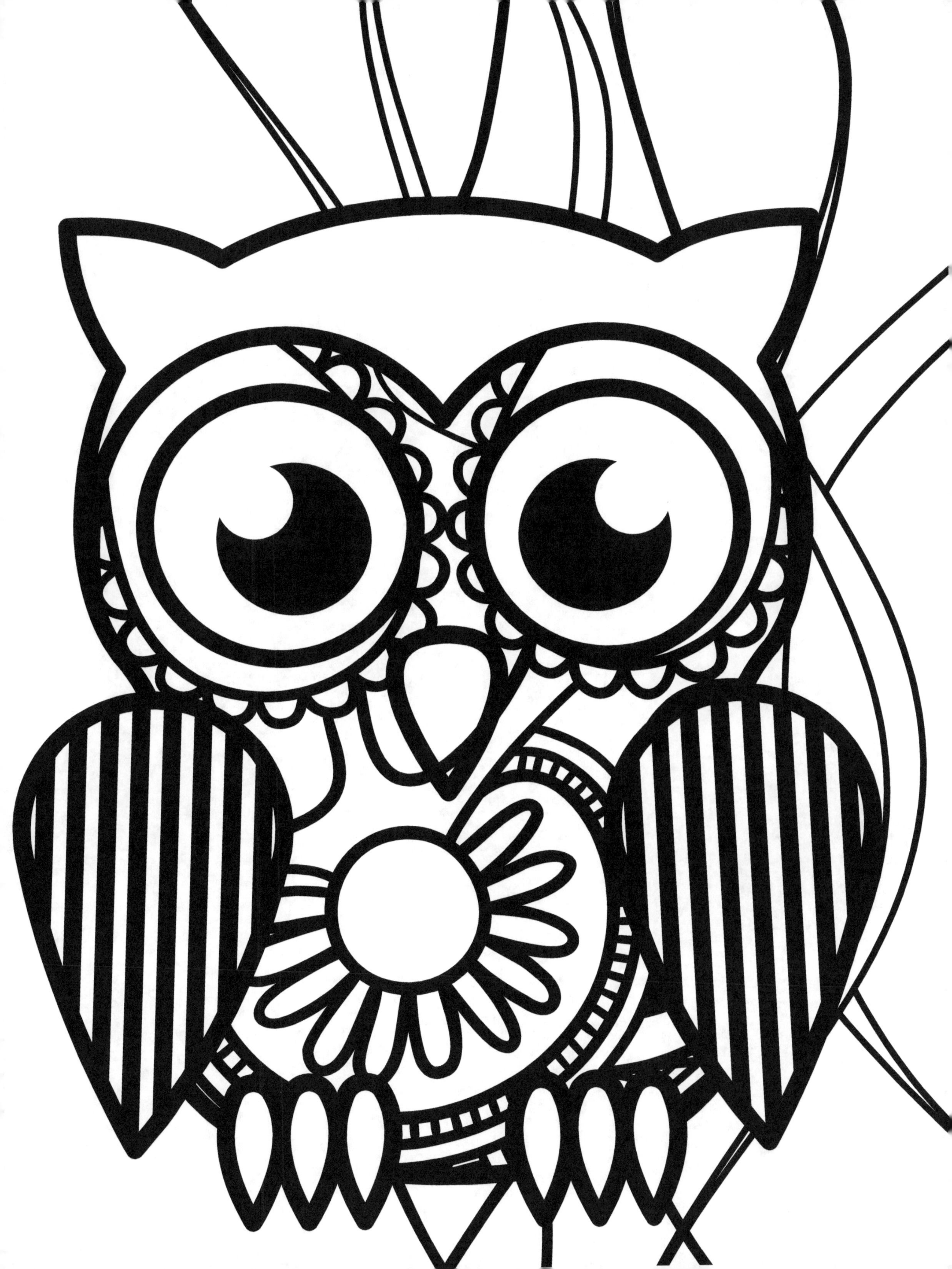

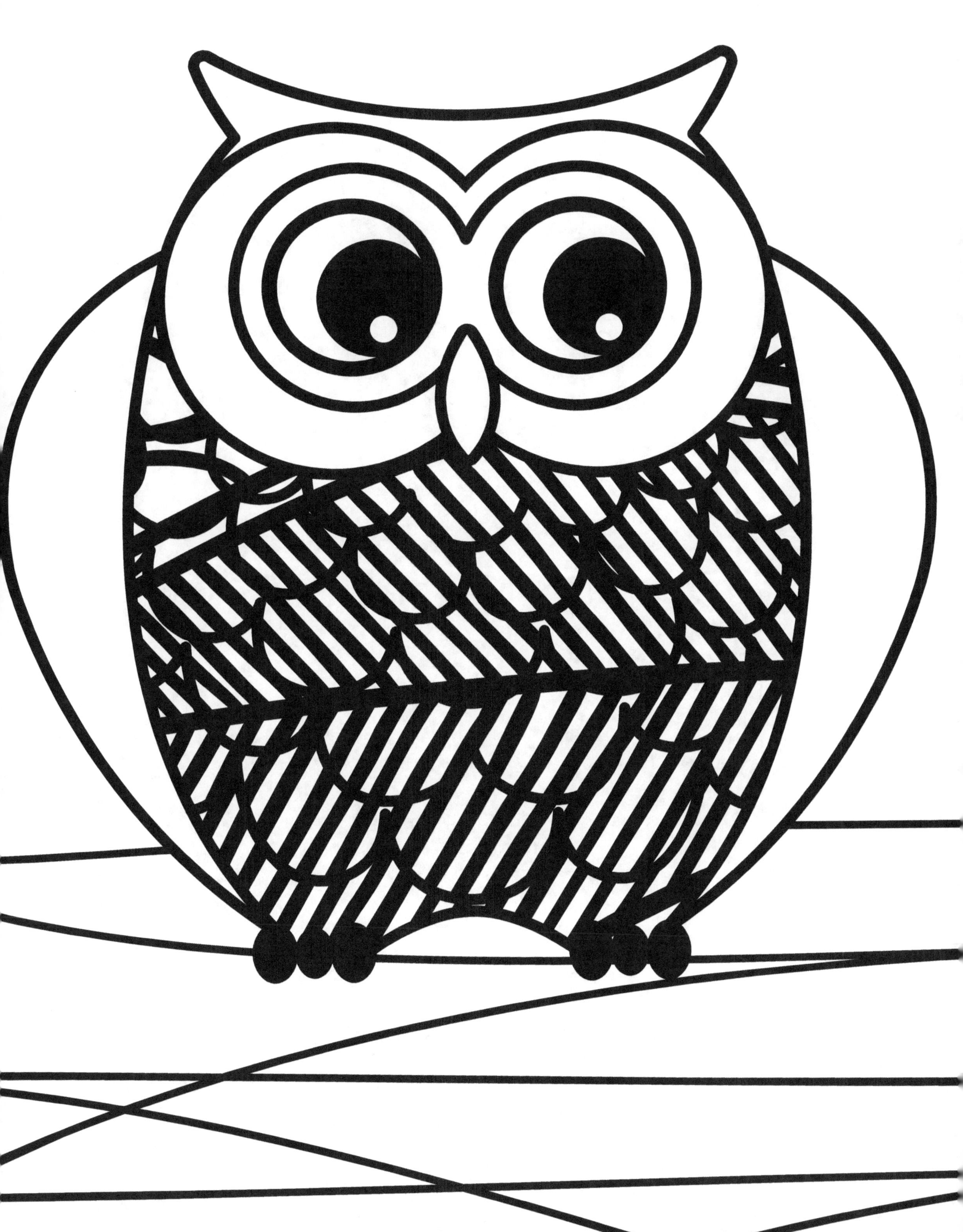

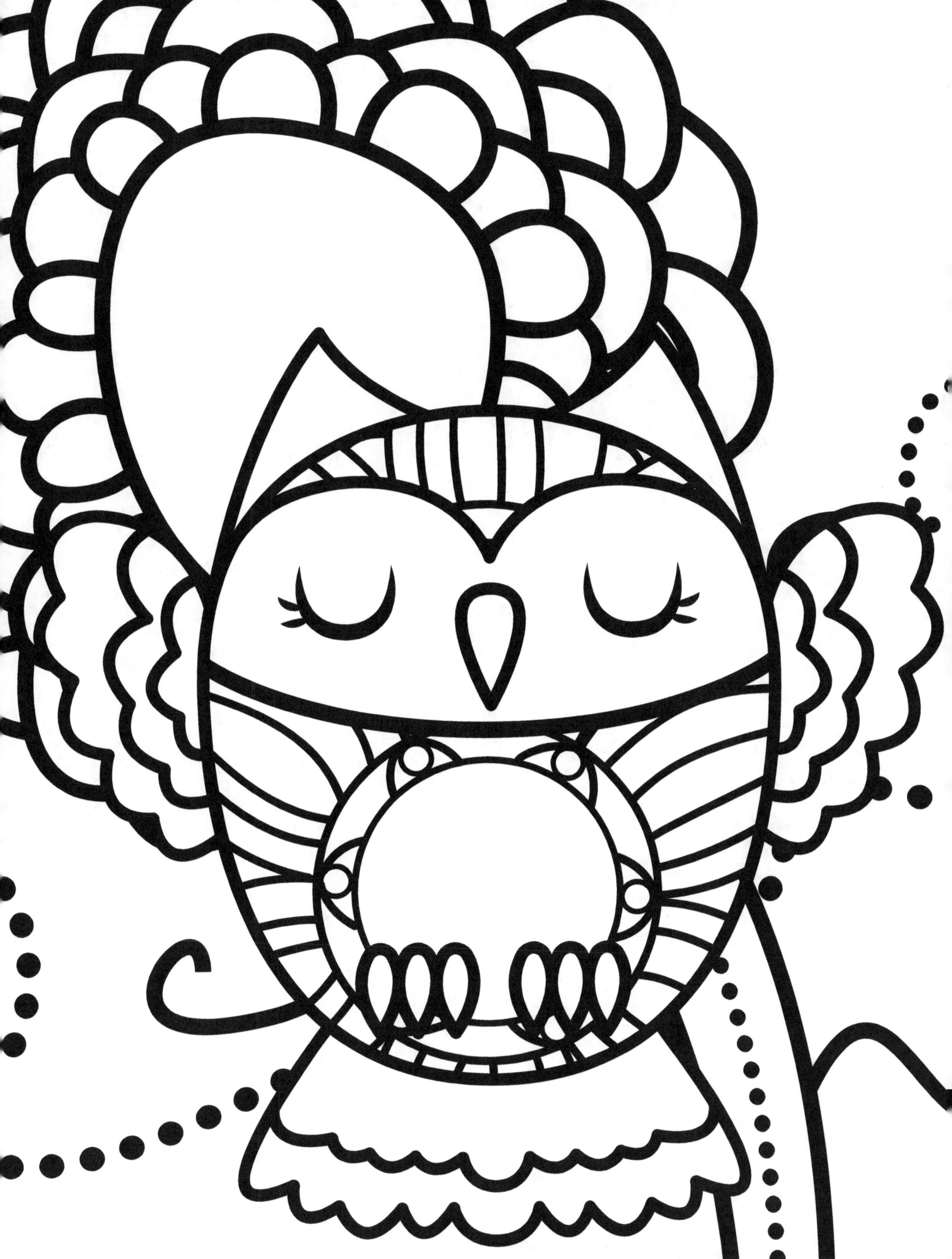

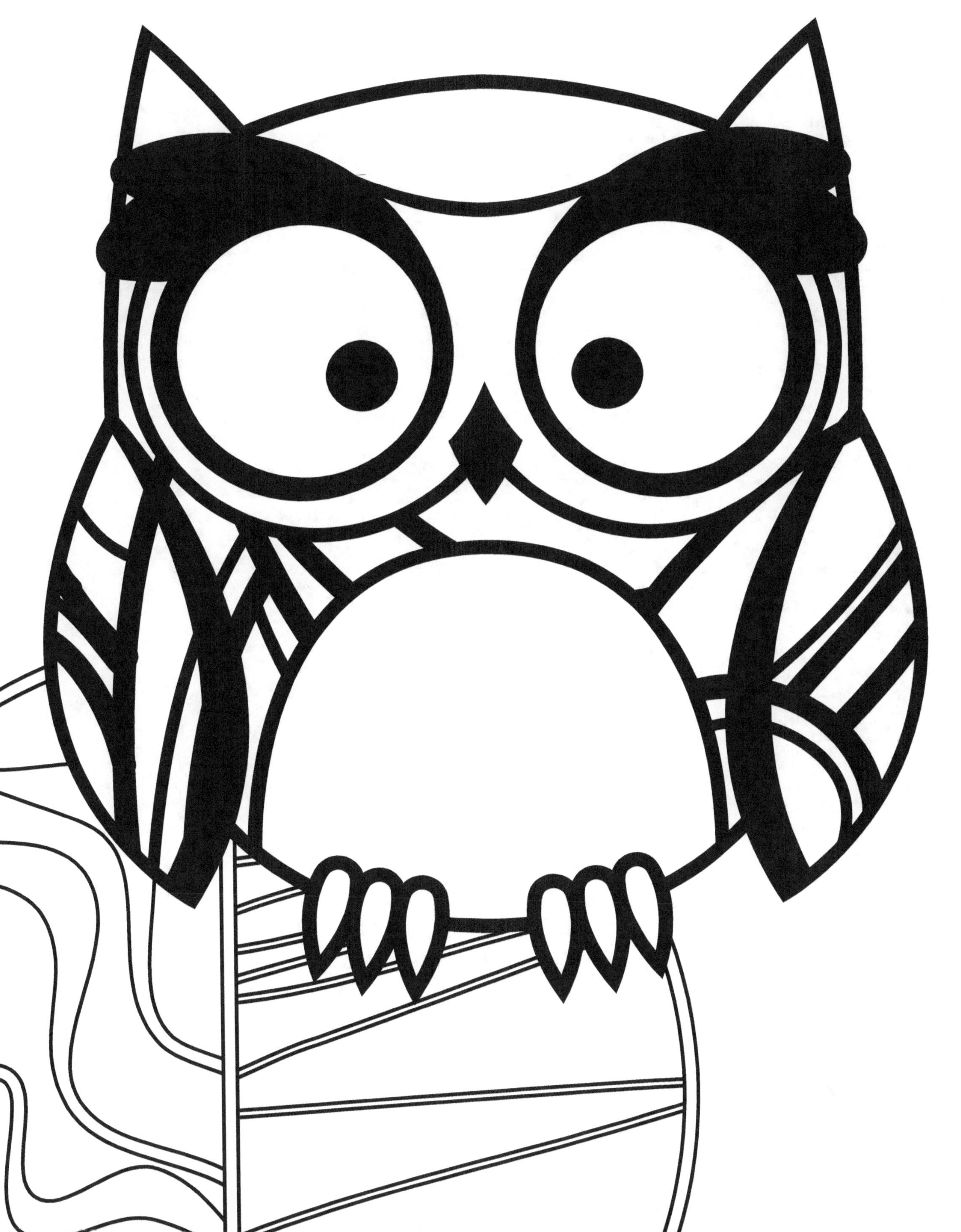

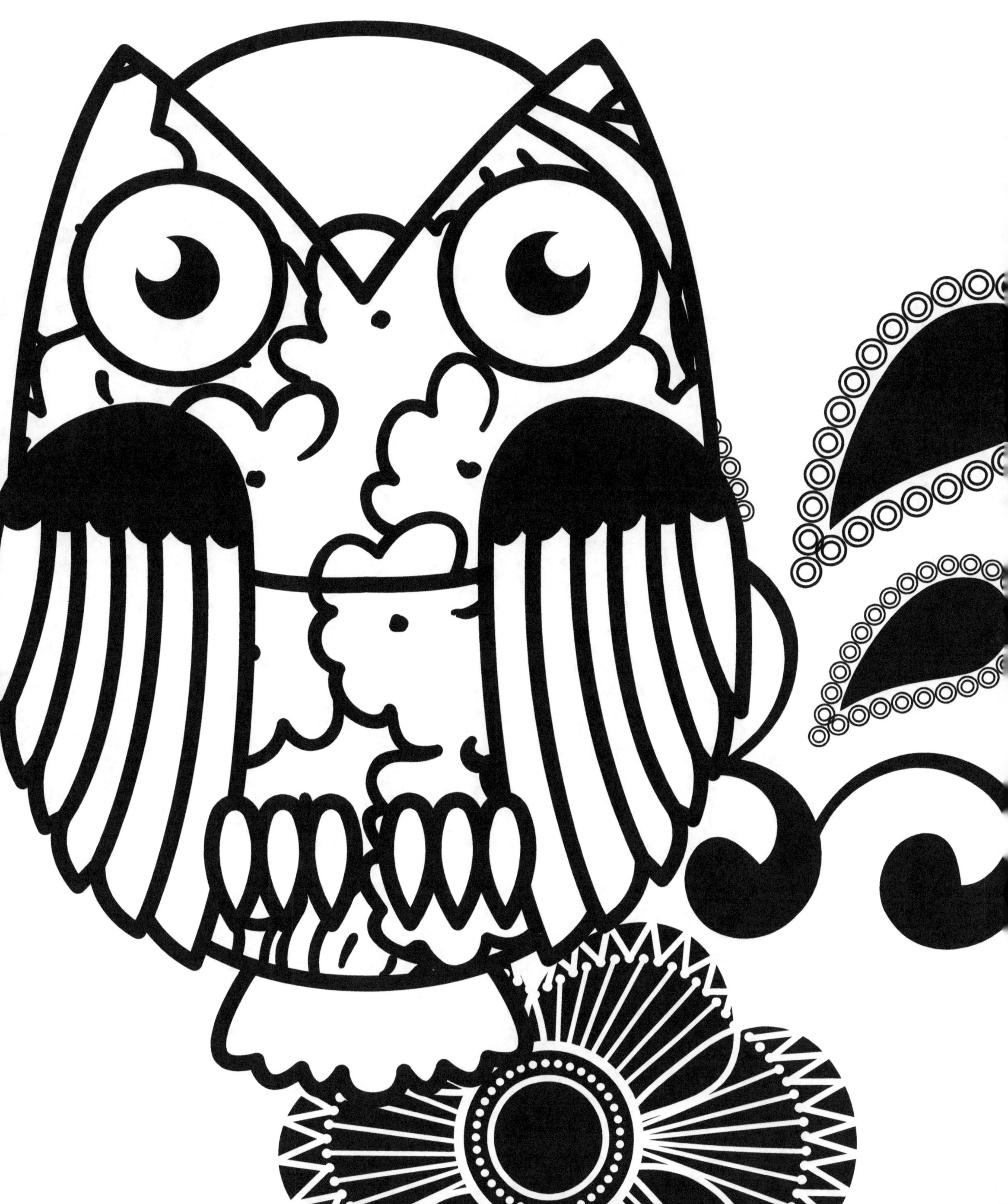

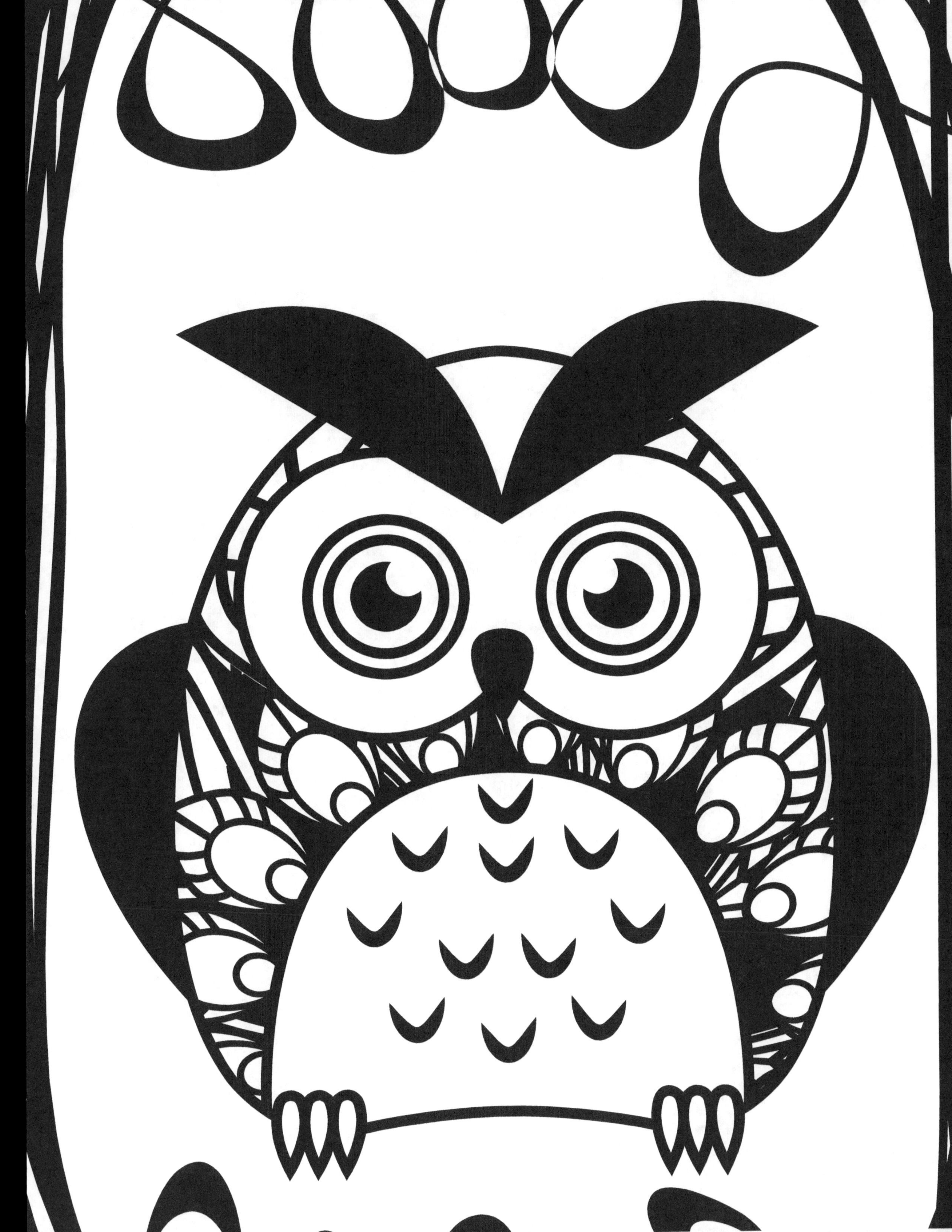

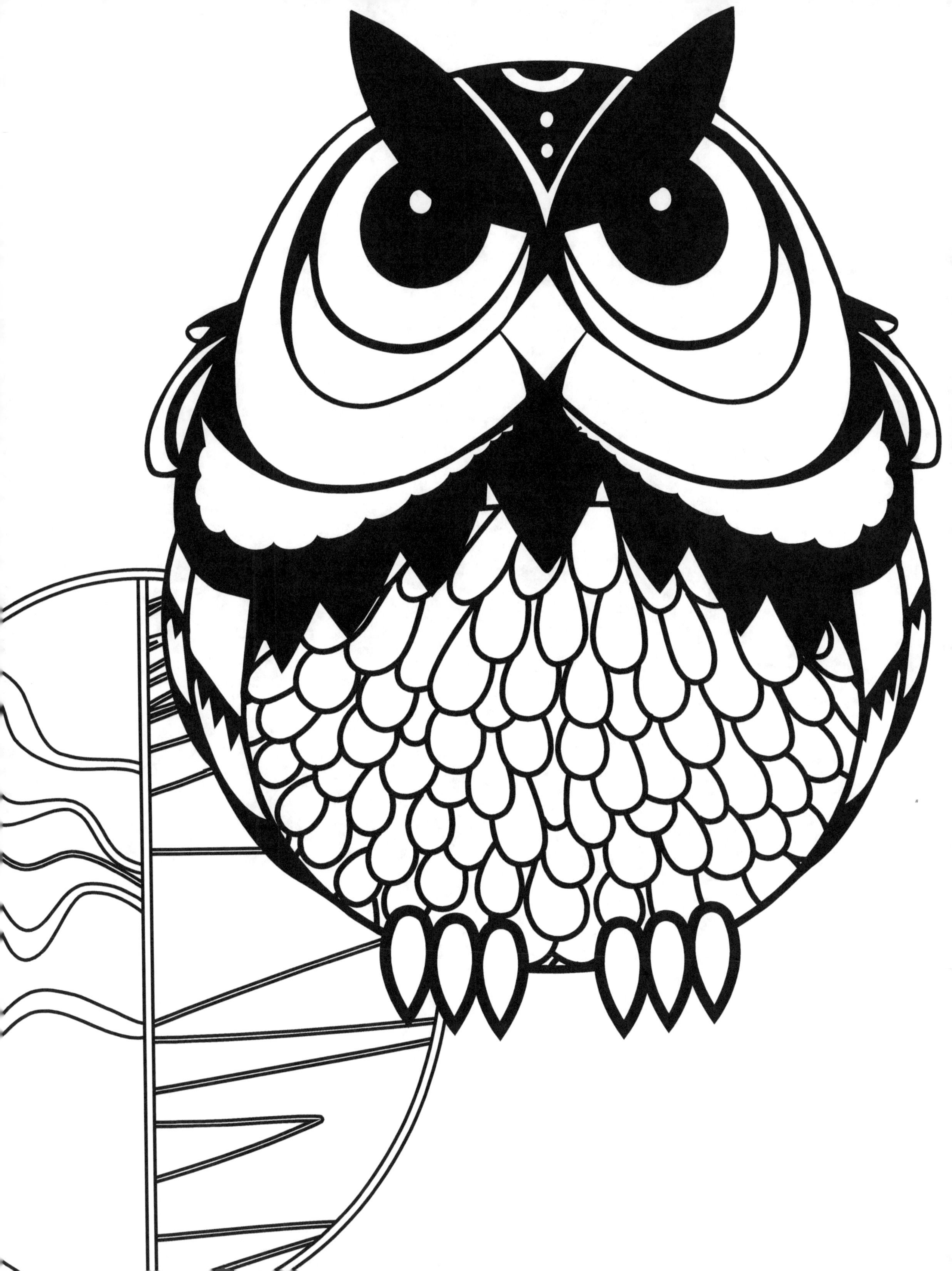

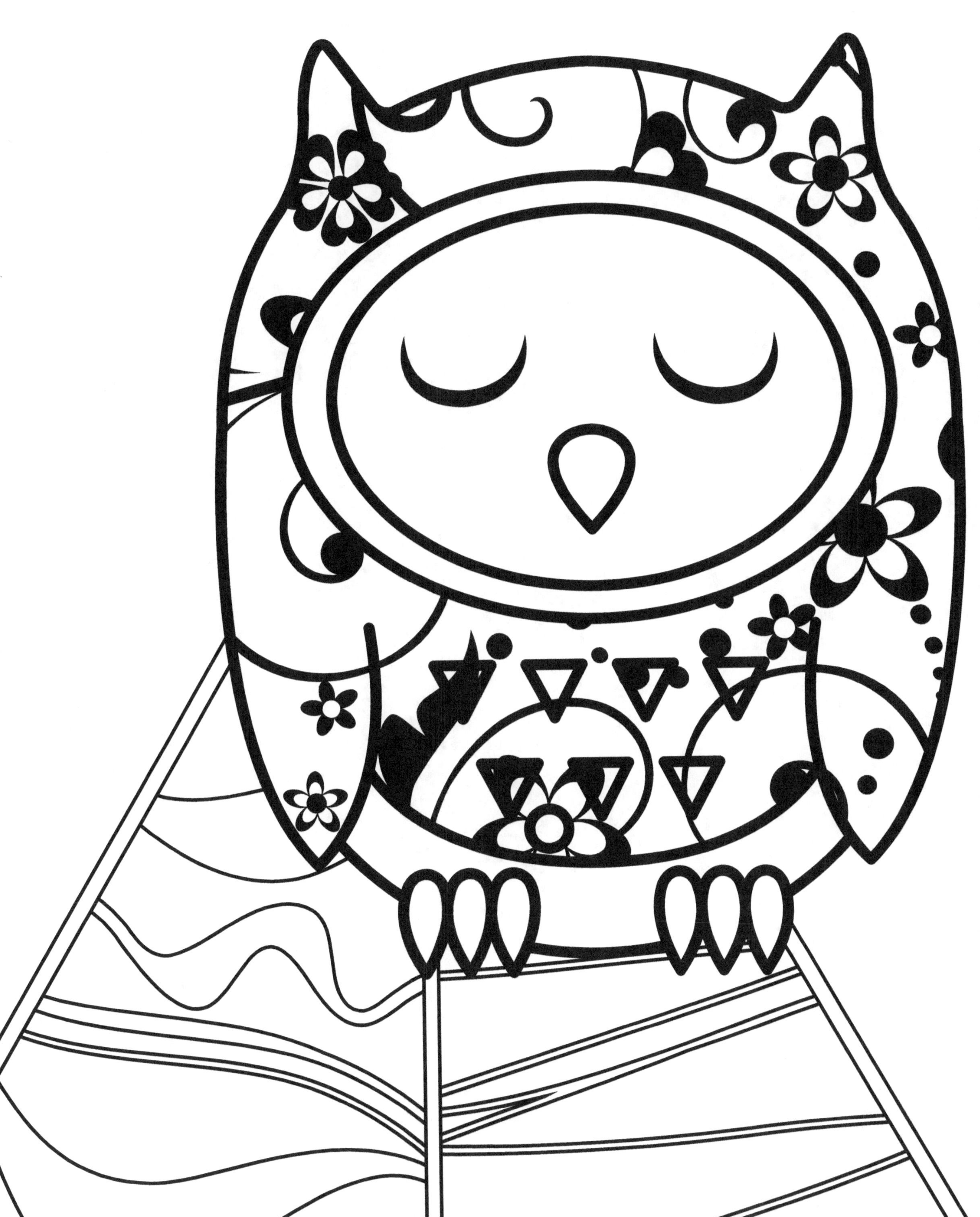

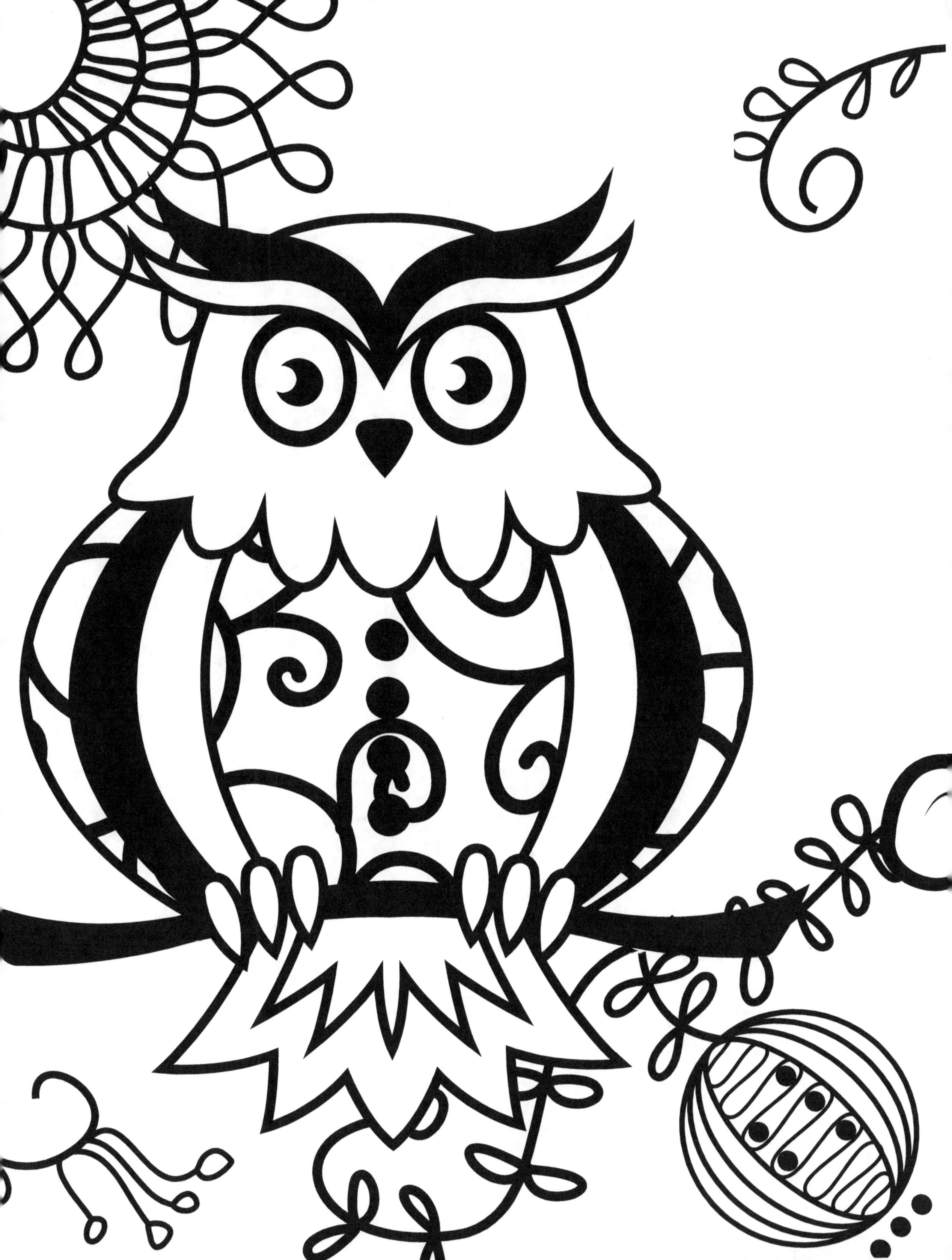

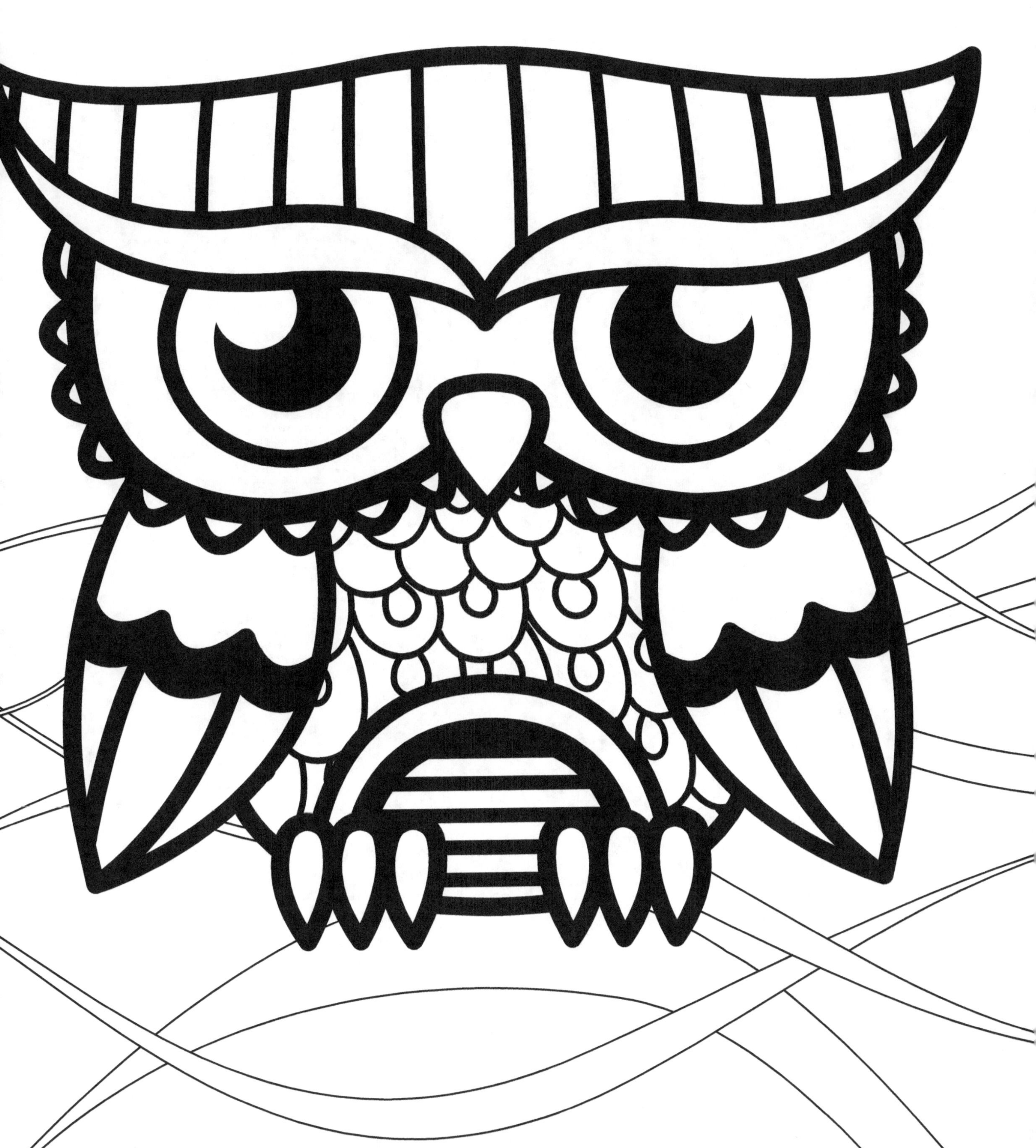

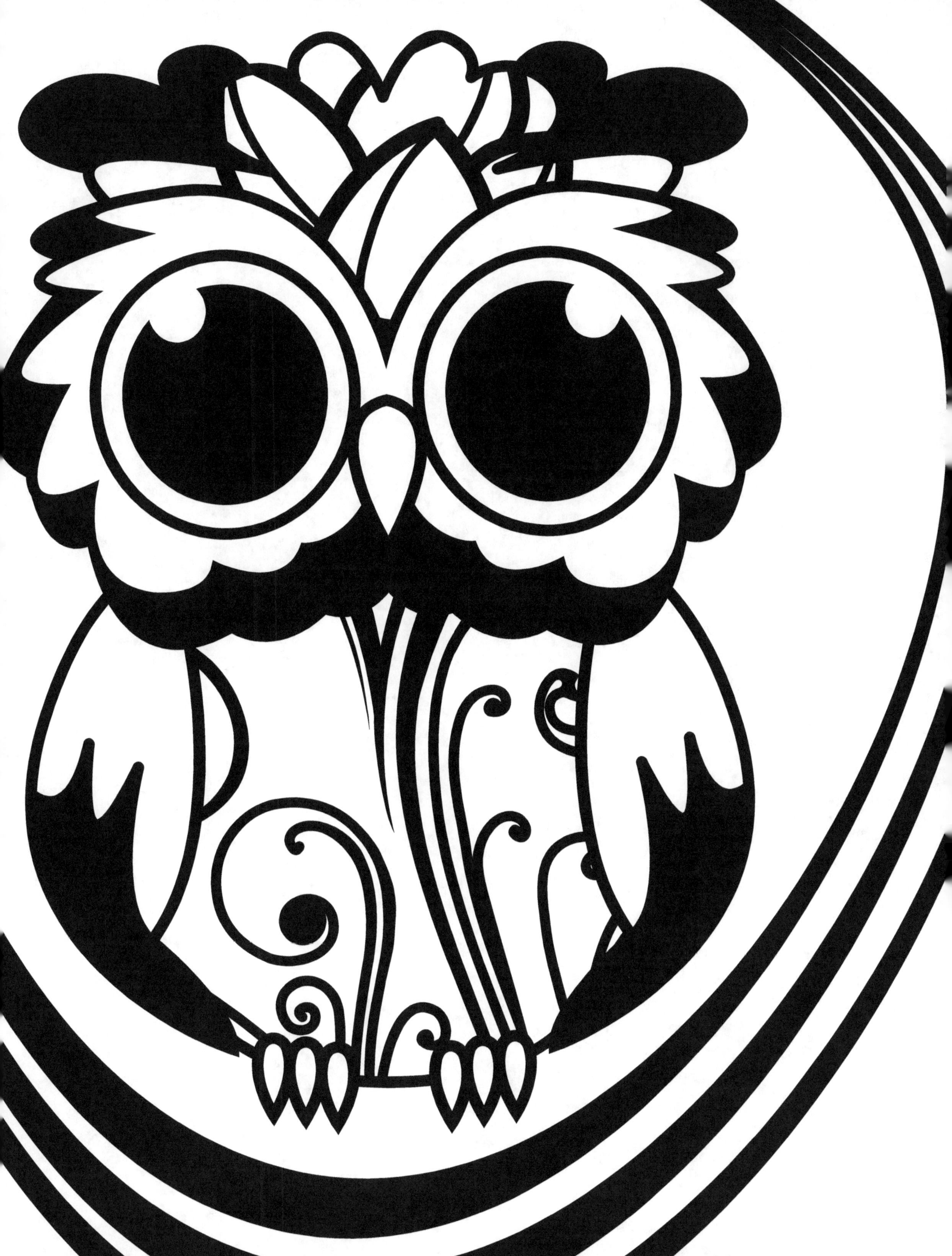

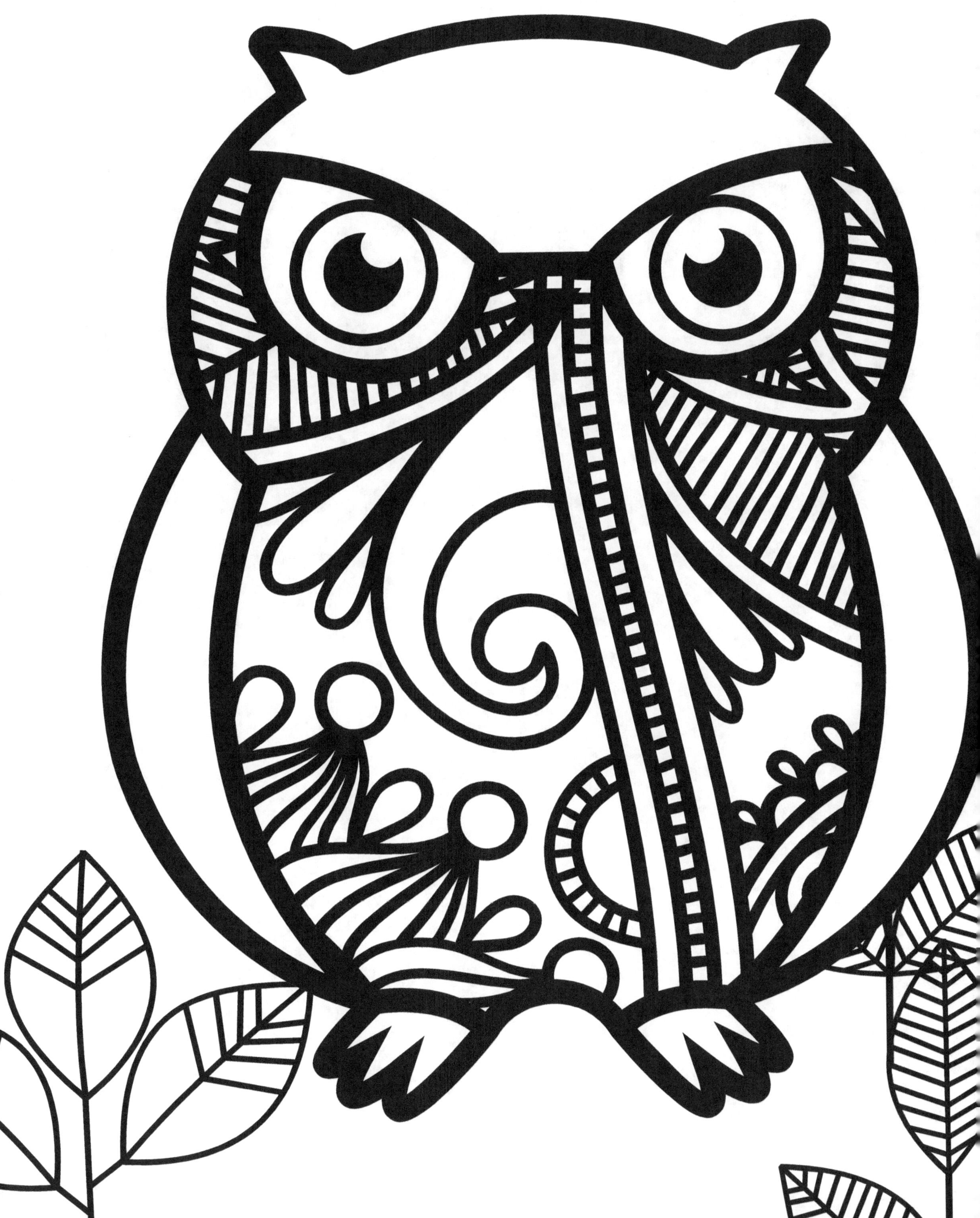

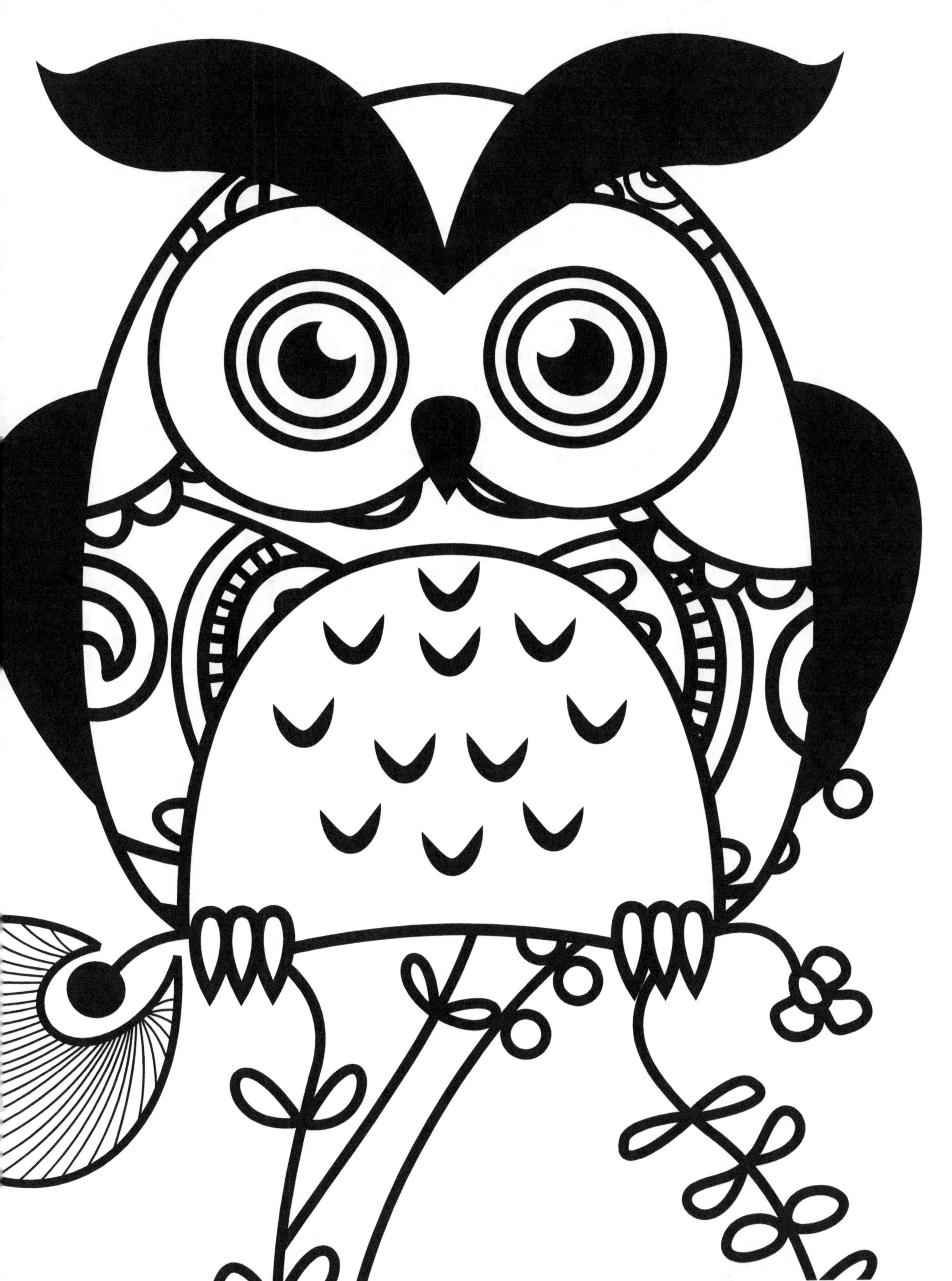

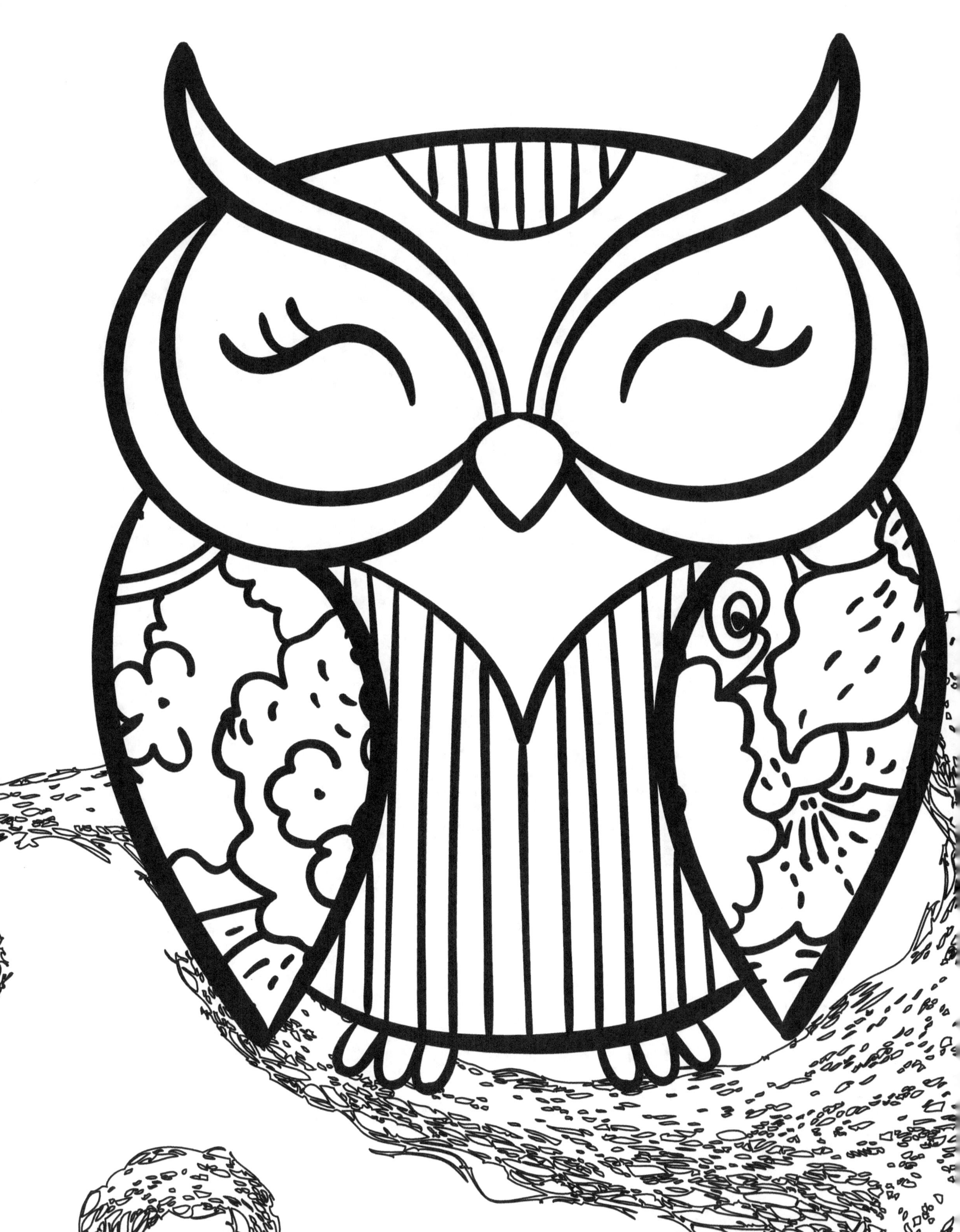

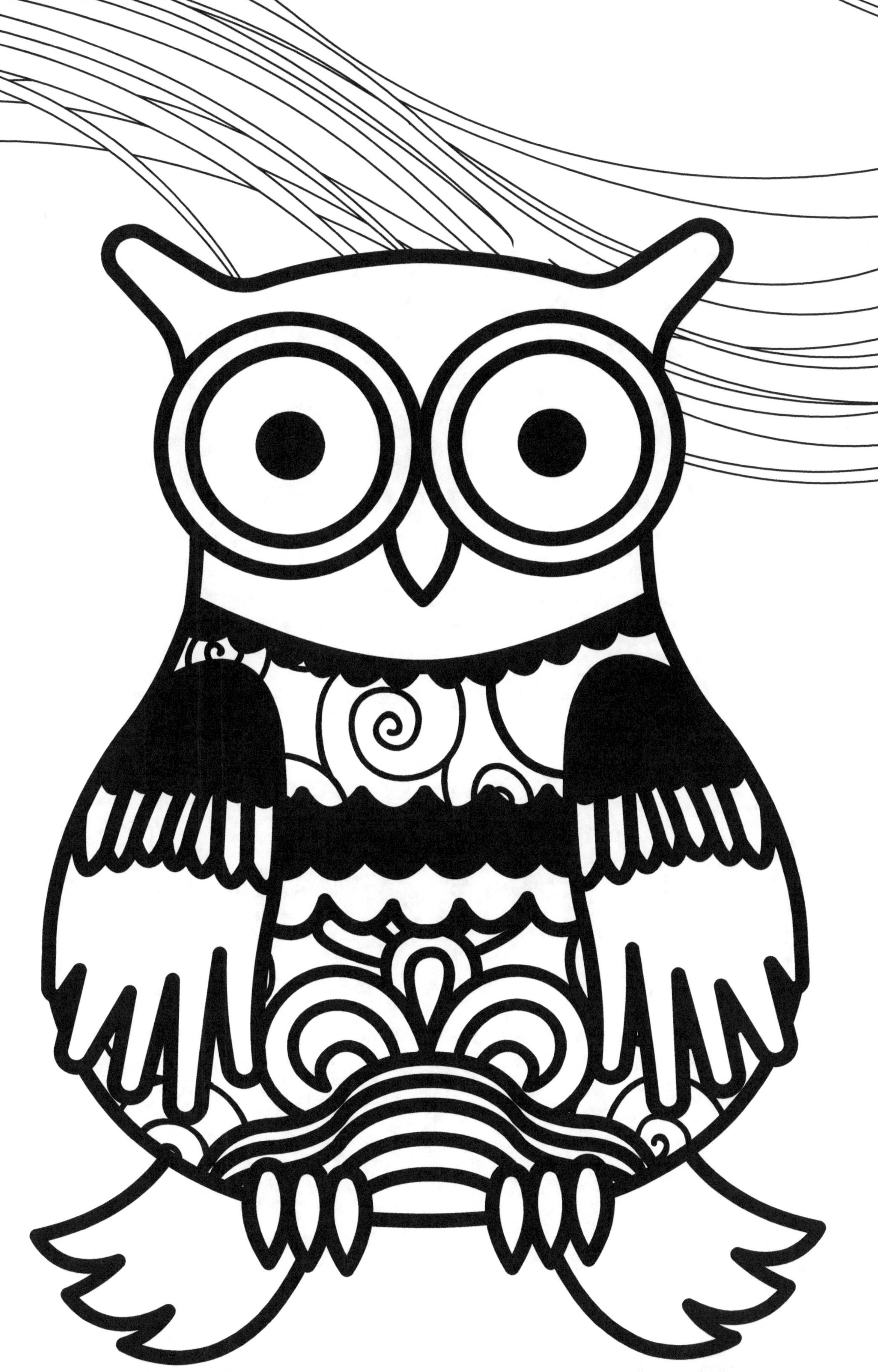

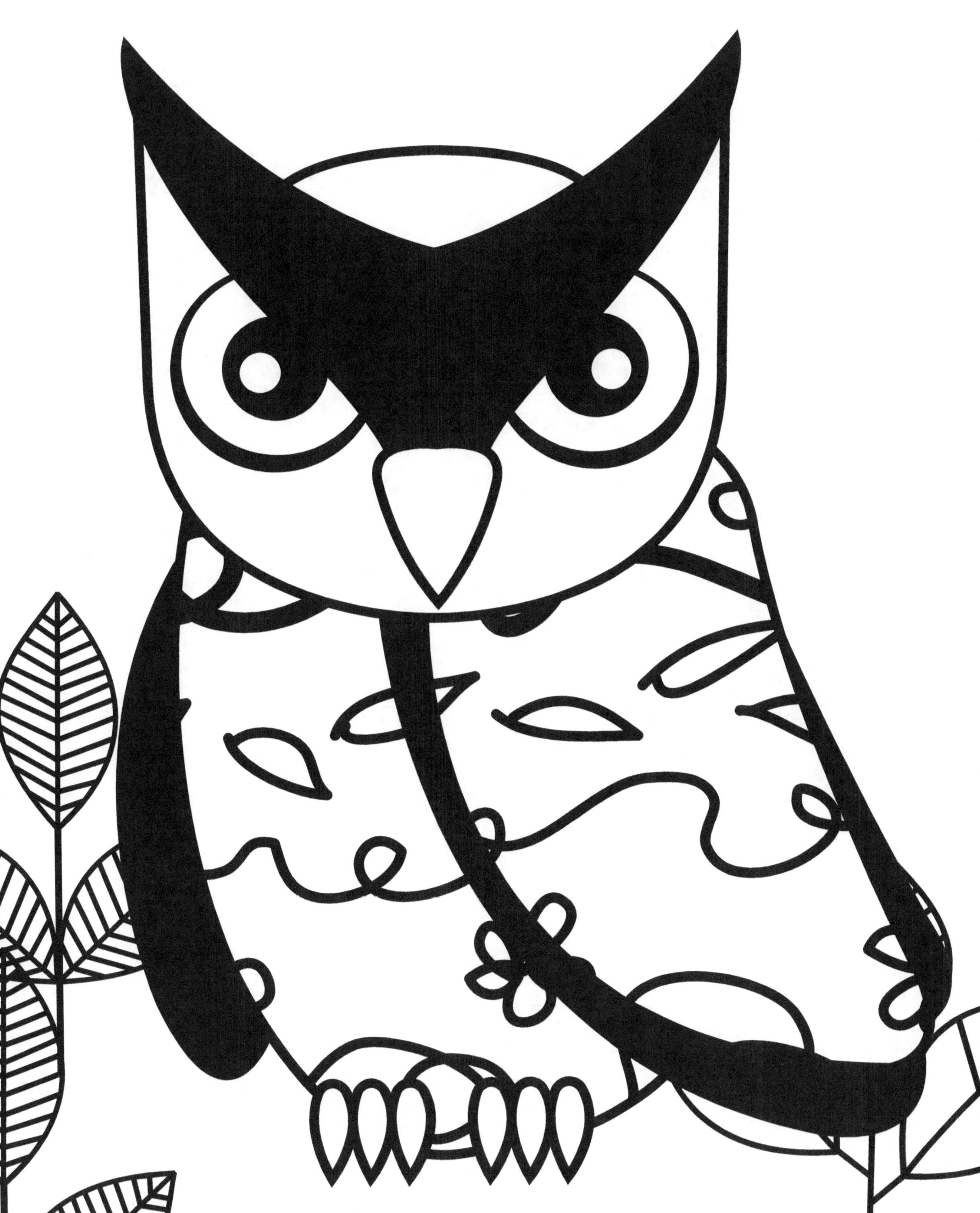

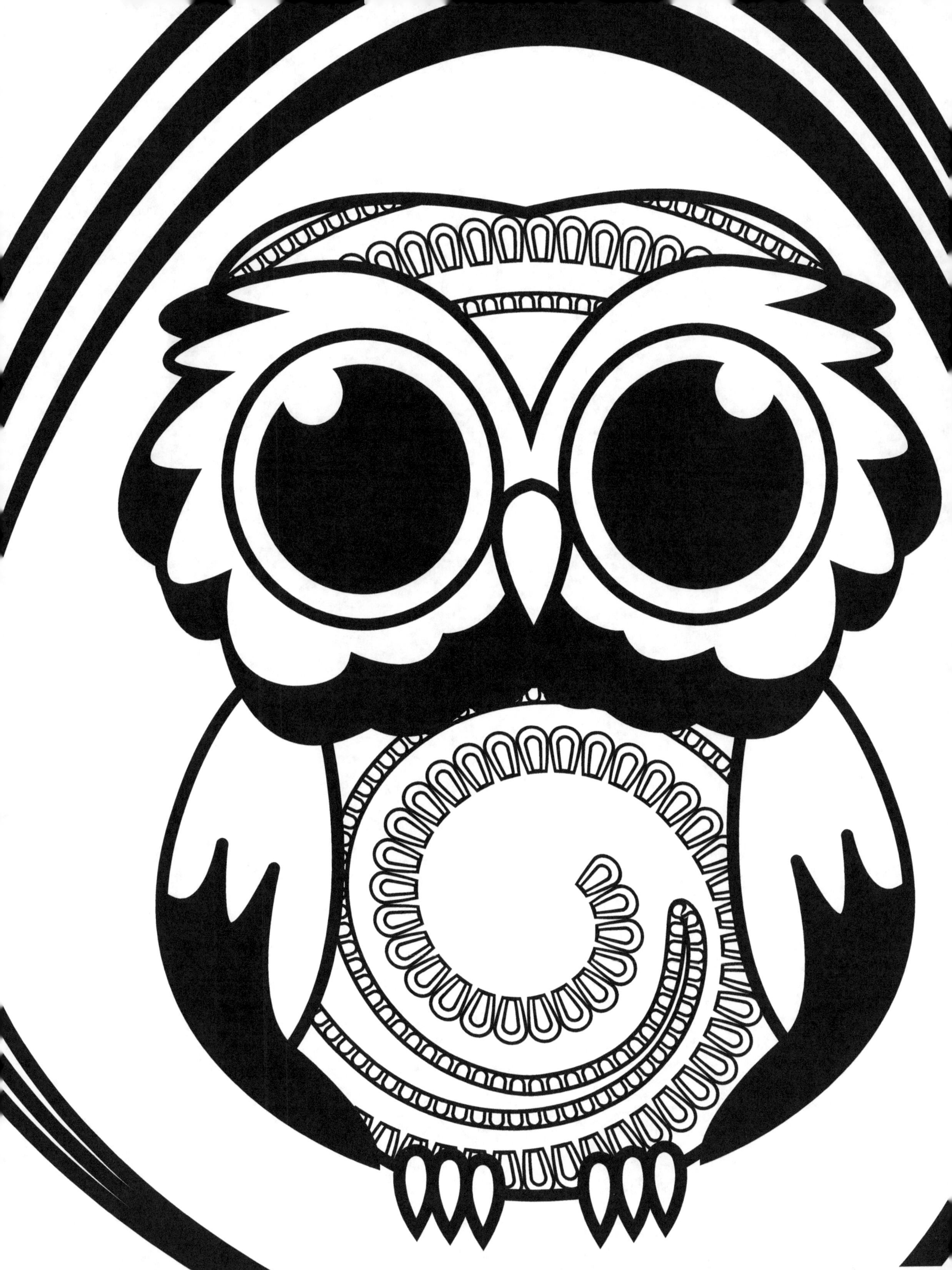

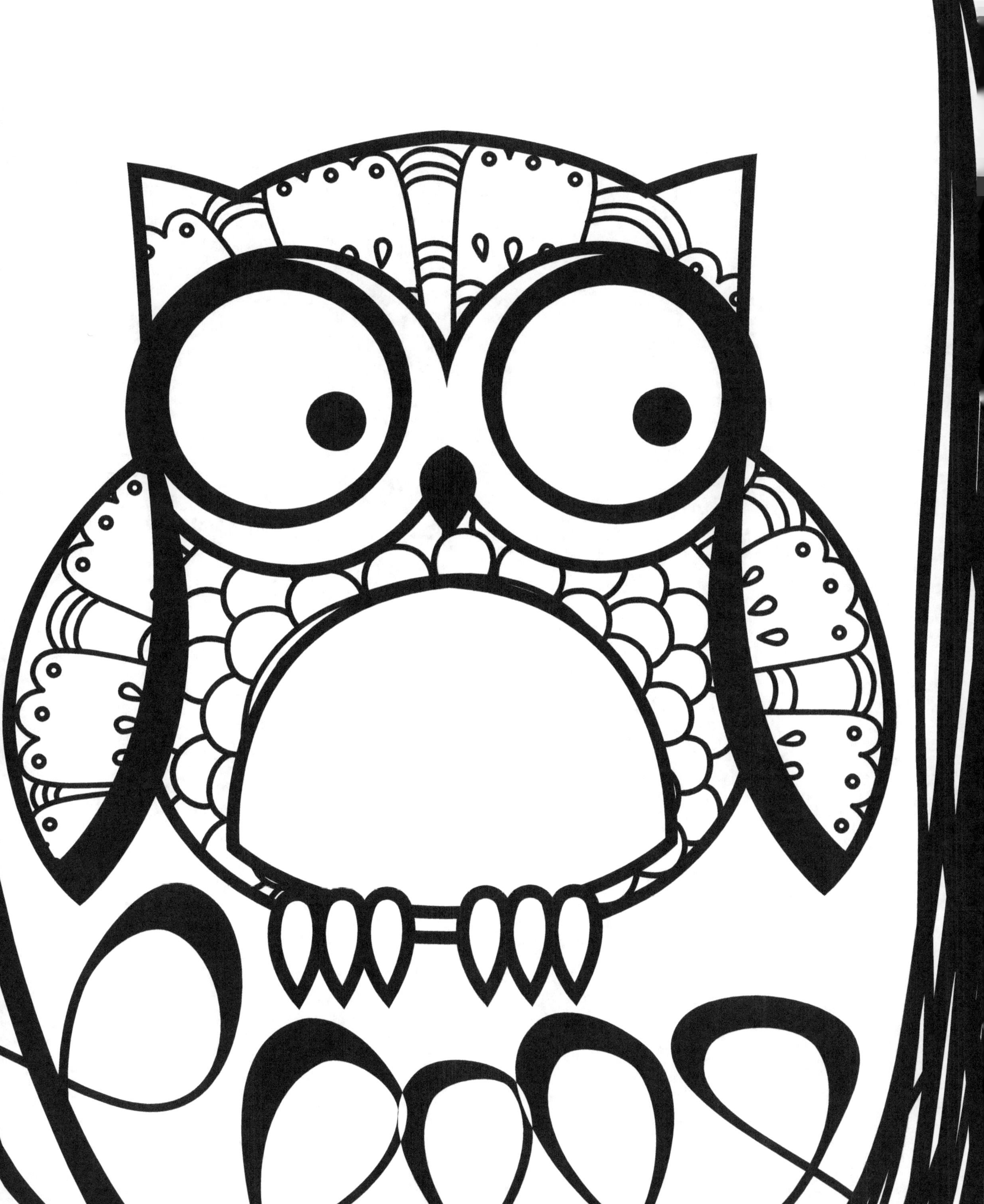

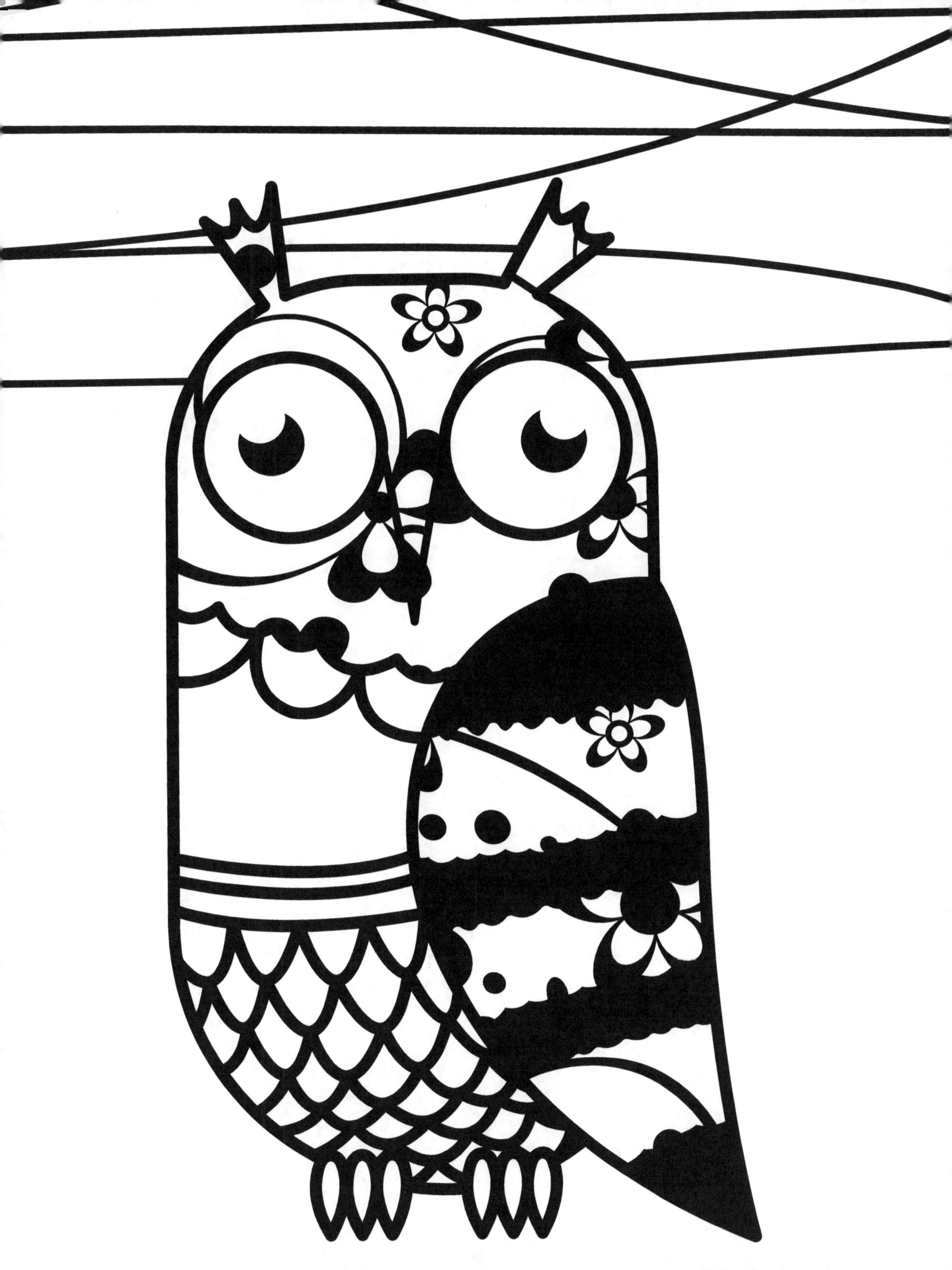

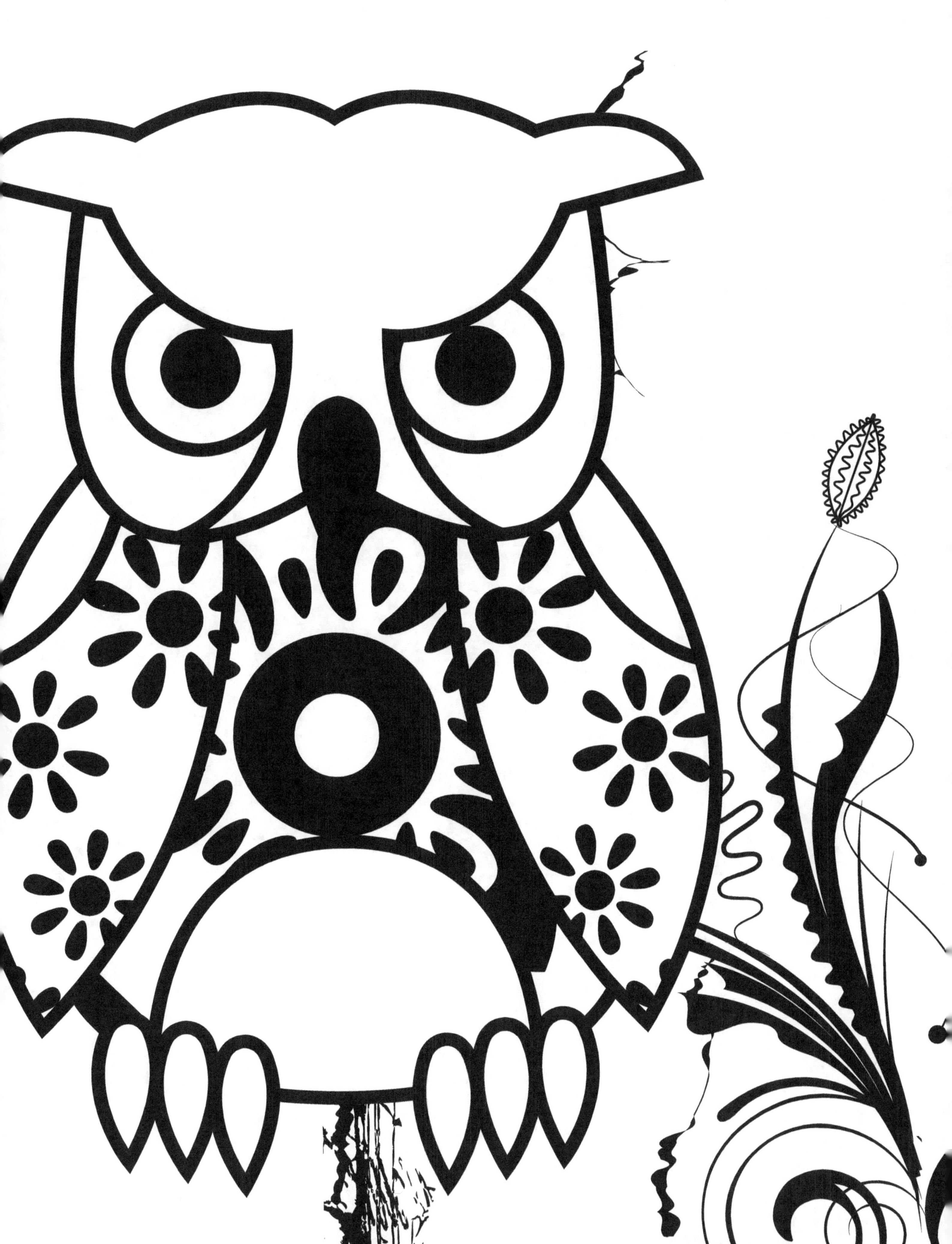

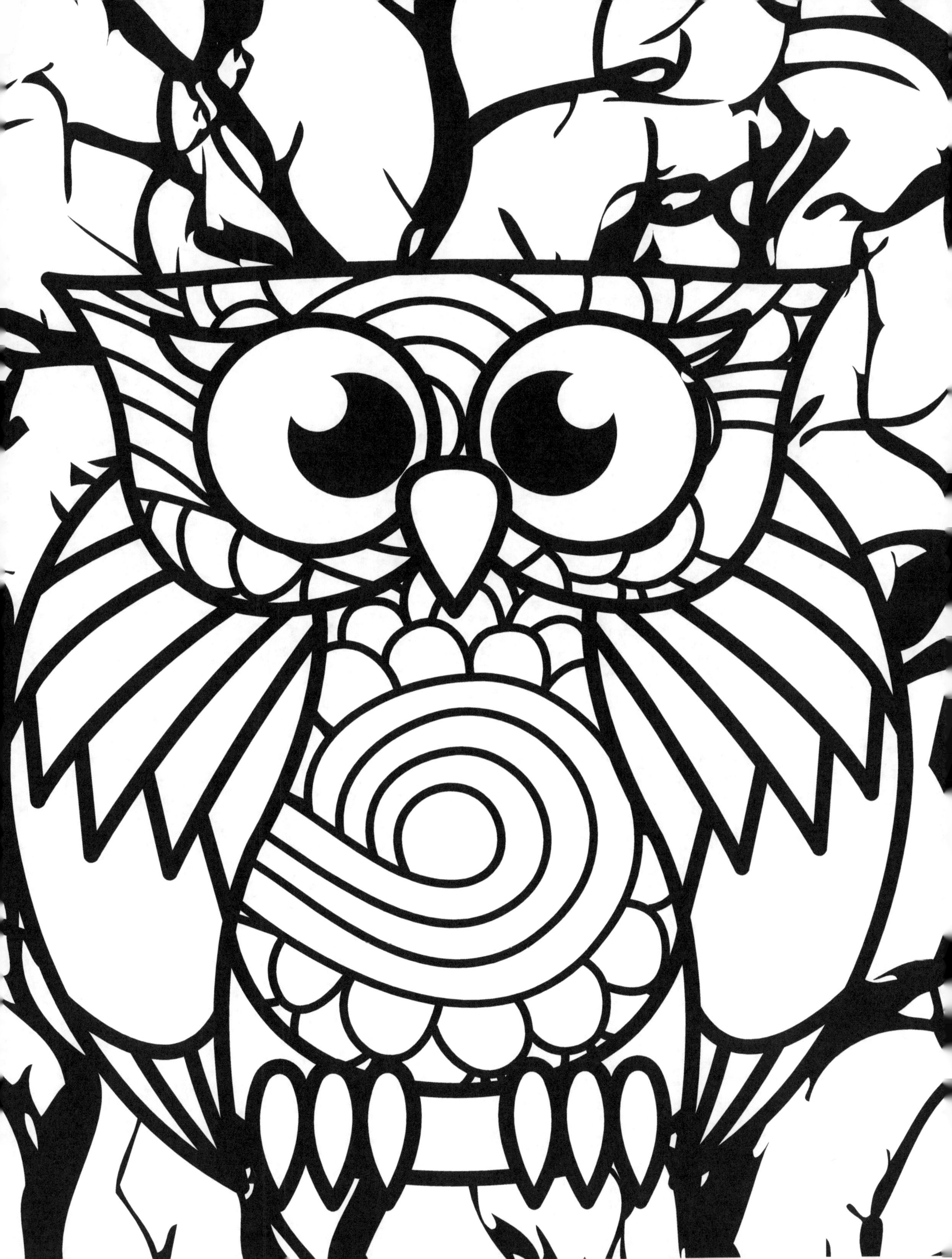

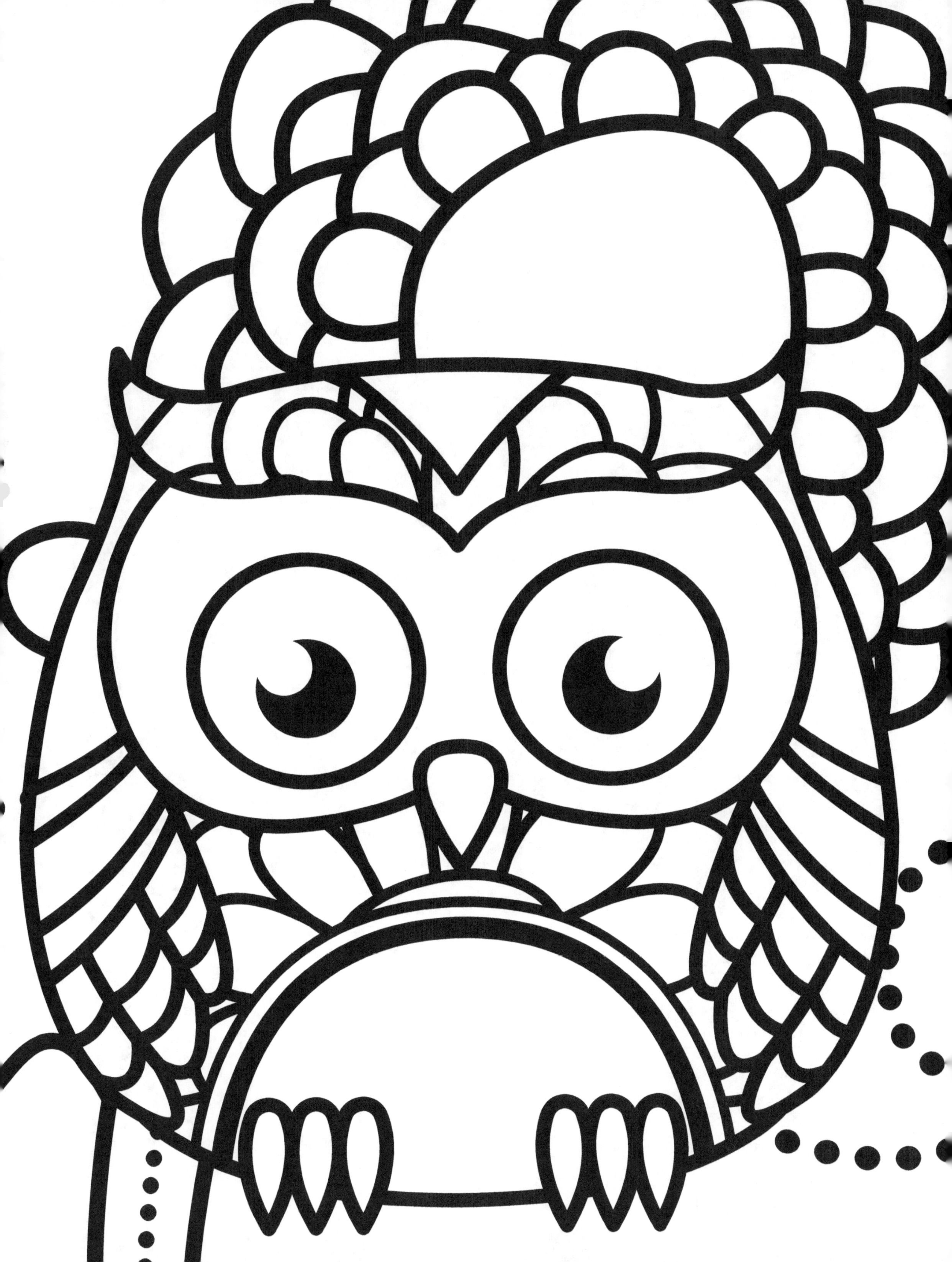